Georg Bauer

Geh den Weg der Wahrhaftigkeit

Georg Bauer

GEH DEN WEG DER WAHRHAFTIGKEIT

Heilsame Gedanken – versöhnliche Worte – beherzte Taten

Geh den Weg der Wahrhaftigkeit
Heilsame Gedanken – versöhnliche Worte – beherzte Taten
2024 © Georg Bauer
Umschlagbild © Georg Bauer
Alle Rechte vorbehalten
www.georgbauer.info
contact@georgbauer.info

ISBN 978-3-347-85354-6

Druck, Vertrieb & Impressumsservice
im Auftrag des Autors:
tredition GmbH
Heinz-Beusen-Stieg 5
22926 Ahrensburg

INHALT

Für meine Schülerinnen und Schüler,
die mir alle am Herzen liegen und
denen ich hoffentlich immer mal
wieder ein guter Lehrer bin.

EINLEITUNG

Wir Menschen sehnen uns nach dem Guten und Wahren. Diese Sehnsucht ist tief in unserem Wesen angelegt. Es ist unser Geist, der von Gott stammt und uns immer nach dem streben lässt, was gut und richtig ist. Dies gilt sogar dann noch, wenn wir in unserer ichbezogenen Verblendung böse Taten begehen.

Den Weg der Wahrhaftigkeit zu beschreiten, bedeutet, meine Ichsucht zu überwinden, um das Richtige tun zu können. Ich möchte so leben, dass ich nicht nur zu meinem Vorteil, sondern auch zum Wohlergehen meiner Nächsten sowie aller anderen Mitgeschöpfe und der Natur als Ganzes handle. Diesen Pfad muss ich praktisch gehen, indem ich heilsame Gedanken denke, versöhnliche Worte spreche und beherzte Taten vollbringe.

Damit ich stets in rechter Weise lebe und zum Wohle aller handle, ist es notwendig, mich von meinem Eigensinn zu befreien. Dies kann ich aber nur, wenn mein Geist mit meinem Herzen verbunden ist. Dadurch, dass ich auf all meine Empfindungen achte, die angenehmen genauso wie die unangenehmen, verschaffe ich mir Ruhe und Zufriedenheit. Und allein mittels Gelassenheit, überwinde ich mit der Zeit mein ichbehaftetes Denken.

Als spiritueller Mensch befreie ich mich von meinem unheilvollen, weil selbstsüchtigen Wünschen und Wollen ebenso wie vom schädlichen Einfluss, der von den oftmals überzogenen Erwartungen ausgeht, die meine Mitmenschen an mich richten. So führt mich dieser heilsame Weg über mein Herz hin zu innerem Frieden. Mein eigentliches Leben beginnt, sobald ich die wahre Freiheit des Herzens gefunden habe.

Erster Abschnitt
DER MENSCH

1.1 Der gute Geist

Der Geist ist stets vollkommen, klar und gut. Er ist wie das blaue Firmament des Himmels und bildet den natürlichen Hintergrund meines Denkens. Ganz ähnlich wie die Wolken vor dem weiten Himmelszelt, steigen die Gedanken aus dem Bewusstsein auf, ziehen dahin und verwehen allmählich wieder.

Ich kann mir der Klarheit des Geistes gewahr werden, indem ich eine heilsame Beziehung zu meinem Herzen pflege. Achte ich nicht in rechter Weise auf meine Gefühle, weil ich alles Unangenehme verdränge, den angenehmen Regungen aber süchtig anhafte, so ist die Beziehung zu meinem Herzen gestört. Ich fühle mich unzufrieden, klammere mich an weltlichen Besitz und verfalle irdischen Genüssen. Infolgedessen entwickle ich Verhaltensweisen, die für mich persönlich ebenso schädlich sind wie für meine Umwelt. Vor allem nährt die ständige Unzufriedenheit meinen ichbehafteten Eigensinn, der mich blind macht und mir den Blick auf das Hier und Jetzt meines Lebens verstellt.

Ich selbst bin mir allerdings weder meiner Verblendung noch meines unheilvollen Verhaltens bewusst. Dies gilt sogar dann noch, wenn ich Böses tue. Da mein Geist dem Wesen nach vollkommen, klar und gut ist, nehme ich mein Verhalten in meiner Innenschau als richtig wahr, egal wie verwirrt mein Denken und Tun auf Außenstehende wirken mag.

Bevor ich mich hinterfrage, zweifle ich eher an den anderen. Statt mir die Schuld zuzumessen, schiebe ich die Verantwortung für mein falsches Handeln in der Regel von mir weg. Ich bin der Meinung, meine Mitmenschen oder äußere Umstände würden mich zu meinen Taten nötigen. Ja, eigentlich hätte ich gute Absichten. Weil sich viele Menschen jedoch nicht so verhalten, wie ich es für richtig erachte, bliebe mir am Ende schlicht keine andere Wahl, als so zu handeln, wie ich es tue, sogar wenn dadurch jemand zu Schaden kommt.

Das ichbezogene Denken wirkt nämlich wie ein Schleier, durch den ich einen verwaschenen Blick sowohl auf die Umwelt als auch auf mich selbst habe. Vor allem aber ist diese geschönte Innensicht die Wurzel allen Übels, aus der das Böse entspringt, denn egal wie bewusst ich mir der Fehler meiner Nächsten sein mag, ich selbst bleibe doch leider allzu oft blind für mein eigenes Versagen.

Als spiritueller Mensch geht es mir darum, in meinem Leben Gutes zu bewirken. Dazu muss ich allerdings meine Selbstverblendung überwinden. Durch Meditation fange ich an, mich so zu sehen, wie ich wirklich bin. All die unheilvollen, weil ichbehafteten Gedanken verlieren nach und nach ihre Macht über meinen Geist, weshalb sich mein Denken und Handeln zum Besseren verändern. Und weil der Geist an sich gut ist, kann ich unmöglich weiterhin Unrecht tun.

Indem ich mit Hilfe der Achtsamkeitspraxis lerne, auf mein Herz zu hören, sprich, dadurch dass ich insbesondere alle unliebsamen Gefühle beachte, überwinde ich meine Unzufriedenheit, die meine Gier nährt. Ich verschaffe mir innere Zufriedenheit und befreie mich von den einengenden Fesseln meines Eigensinns.

Sobald mein Geist einmal frei ist, wird dieser ganz von selbst liebevolle Gedanken hervorbringen. Ich trachte immer mehr danach, achtsam zu sprechen und heilsam zu handeln. So wird die Welt durch mein rechtes Denken, Reden und Tun ein Stück weit zu einem besseren Ort.

1.2 Das weite Herz

Um Gutes tun zu können, brauche ich ein weites Herz. Jedoch hat nicht jeder von seinen Eltern ein solches geschenkt bekommen. Wenn meine Mutter und mein Vater gütig waren, dann ist in meiner Brust wahrscheinlich ebenfalls ein großes Herz gewachsen. Konnten sie mir aber zu wenig Liebe schenken, so bin ich vermutlich hartherzig geworden.

Solange ich innerlich versteinert bin, werden mein Denken, Reden und Tun, trotz aller guten Absichten, wenig heilsam sein. Nur mit einem offenen Herzen vermag ich, die Welt durch mein Dasein in einen besseren Ort zu verwandeln.

Natürlich kann ich mich darum bemühen, als spiritueller Mensch zu leben. Dennoch werde ich deshalb nicht zwangsläufig großherzig. Tatsächlich gibt es leider viele Menschen, die sich selbst als recht spirituell betrachten, in ihrem Denken, Reden und Tun allerdings kleingeistig und engstirnig sind. Statt Mitleid zu haben, blicken sie überheblich und gefühlskalt von oben auf andere herab.

Dagegen drückt sich aufrichtige Spiritualität in warmherzigen Gedanken aus, die einem aufgeschlossenen Geist entströmen. Vor allem aber erweist sie sich nicht in abgehobenen Theorien oder herzloser Unnahbarkeit, sondern in einer Praxis der versöhnlichen Worte und liebevollen Taten.

Um aufrichtig spirituell zu leben, ist es nötig, mein Innerstes weit zu öffnen. Zwar ist das Herz jedes Menschen im Grunde voller Liebe; bei vielen von uns ist die Beziehung zwischen Geist und Gefühlswelt jedoch gestört. Ich muss also zunächst einen Zugang zu meinem Herzen finden. Solange ich nämlich mit mir nicht achtsam bin, werde ich kaum den Wunsch verspüren, auf die Bedürfnisse anderer Rücksicht zu nehmen.

Entscheidend ist hier die Frage, wie ich mit meinen Gefühlen umgehe. Denn wie fast immer im Leben gibt es auch dabei einen rechten, weil heilsamen und einen falschen, da unheilvollen Weg. Wenn ich unliebsame Empfindungen verdränge, indem ich beispielsweise versuche, mich mit mir angenehmen Tätigkeiten abzulenken, so ist das falsch. All das, was mir unangenehm ist, lässt sich durch Ablenkung leider nicht auflösen. Vielmehr verdränge ich es ins Unterbewusstsein, wo es für den Geist zu einer depressiven Dauerbelastung wird. So erlange ich keine Zufriedenheit. Vielmehr fange ich an, nach immer mehr weltlichem Besitz und irdischen Genüssen zu gieren. Meine Beziehung zum Herzen ist gestört. Dies führt dann dazu, dass mich übermächtige Zwänge, gefährliche Süchte und erdrückende Depressionen beherrschen. Mein Geist verliert seine Freiheit.

Richtig ist es, mich meinen Gefühlen auf der bewussten Ebene zu widmen. Vor allem geht es darum, alles Unangenehme wahrzunehmen und ohne Vorbehalt anzuerkennen. Wende ich mich den unliebsamen Regungen absichtlich liebevoll zu, so klingen diese nach einer kurzen Weile ab. In mir stellt sich innerer Friede ein.

Gleichzeitig fühle ich mich frei und lebendig. Mein Denken verbindet sich auf heilsame Weise mit meinem Herzen. Dieses ist nun nicht länger versteinert. Ich entwickle echte Warmherzigkeit und fange an, meinen Mitmenschen mit Güte zu begegnen. Auch hat die Welt keine Macht mehr über mich. Weil aber der Geist, seiner Natur gemäß, grundsätzlich gut ist, wird sich mein Innerstes dabei ganz weit öffnen.

1.3 Der freie Atem

Damit ich in rechter Weise auf meine Gefühle achten kann, brauche ich meinen Atem. Offenherzigkeit geht mit einer freien Atmung einher. Ist mein Denken engherzig, so schnürt es mir die Luft ab. Umgekehrt gilt: Übe ich mich in achtsamem Atmen, dann öffnen sich mein Herz und mein Geist.

Vor allem muss ich immer dann meditativ atmen, wenn mich sorgenvolle Gedanken bedrücken. Verbunden mit diesen Sorgen sind stets unangenehme körperliche Regungen. Ich spüre Beklemmungen in meiner Brust, die mich am Atmen hindern. Oder ich nehme einen Druck in meinem Bauch wahr. Manchmal äußern sich die Nöte als Zittern in den Händen oder als Kribbeln in den Beinen.

In angespannten oder gar leidvollen Augenblicken fällt mir das Atmen schwer. Umso wichtiger, weil heilsam, ist es, mir in diesem Fall eine Auszeit zu nehmen. Ich meditiere die drückenden Gedanken, indem ich still werde und in mich hineinfühle. Ich spüre, wo die seelischen Qualen meinen Körper belasten. Ich nehme mir Zeit für die Empfindungen, die mir die Atemluft rauben. Ich fühle aufmerksam in die Beklemmung, den Druck, das Zittern oder das Kribbeln hinein. Ich widme mich diesem Unwohlsein und atme dabei so lange willentlich ein und aus, bis es sich legt. Ich übe meditatives Atmen, bis ich frei durchatmen kann.

Sobald die körperlichen Regungen abklingen und ich wieder ungehindert atmen kann, verlieren die Sorgen ihre Macht über meinen Geist. Die bedrückenden Gedanken verschwinden. Ich bin erneut im Stande, vernünftig zu denken. Ich erfahre geistige Klarheit und innere Freiheit. Mit diesem wachen Denken wird es mir nun gewiss gelingen, eine gangbare Lösung für meine Probleme zu finden.

Je mehr ich lerne, auf meine Empfindungen zu achten, desto freier kann ich atmen. Ich werde ruhig. Mir geht nach und nach das Herz auf. Das ichbezogene Denken verliert seine Macht über meinen Geist. Statt dass ich nur an mich denke, fühle ich in mir den Drang, auf meine Nächsten und alle Lebewesen Rücksicht zu nehmen. Weil ich mich durch das Meditieren von den Fesseln des Eigensinns befreie, erkenne ich, wie ich heilsam handeln kann. Ich begreife, was für mich, alle Menschen und Tiere sowie die ganze Natur gut und richtig ist.

Ich sollte das bewusste Atmen nicht nur während der Auszeit des Meditierens, sondern bei allen Alltagstätigkeiten üben. Ich kann tagtäglich von früh bis spät willentlich ein- und ausatmen. Diese Praxis der ununterbrochenen Meditation wird Achtsamkeit genannt.

Wenn ich bei all meinem Tun und Lassen auf meine Atmung achte, dann weile ich immer in meiner inneren Mitte. Ich halte eine dauerhafte Verbindung zu meinem Herzen. Ich lasse mich nicht mehr von meinen Begierden beherrschen. Stattdessen leiten mich mein Gefühlsempfinden und meine Vernunft. Wohingegen das Denken nämlich in die Irre geht, sobald ich mein Herz missachte, irre ich niemals, solange ich auf mein Bauchgefühl höre. Während die Augen geblendet werden können, sieht mein Herz klar. Wenn mein Geist in rechter Weise mit meinem Fühlen verbunden ist, dann werden meine Gedanken, Worte und Taten heilsam sein.

Als Lohn für meine ausdauernde Achtsamkeit lerne ich, beständig im Hier und Jetzt zu weilen. Mein Leben gewinnt an Tiefe und Klarheit. Ich nehme jeden Augenblick vollkommen wahr, mit allen Empfindungen und Sinneseindrücken, die damit einhergehen. Mein ichbezogenes Denken versperrt mir nun nicht länger den Blick auf die Wirklichkeit. Ich höre auf, von anderen, mutmaßlich besseren Lebensumständen zu träumen. Stattdessen lerne ich, alles so anzunehmen, wie es ist. Ich versöhne mich mit allen Widrigkeiten meines Daseins. Ich fühle mich frei und lebendig. Ich bin ein wahrhaft glücklicher Mensch.

Zweiter Abschnitt
DER WEG

2.1 Der heilsame Gedanke

Alles Gute beginnt mit einem heilsamen Gedanken. Ohne ein liebevolles Denken werden meine Rede und mein Tun unheilvoll sein. Zwar ist der Geist dem Wesen nach grundsätzlich gut. Dennoch kann er sowohl Gutes als auch Schlechtes hervorbringen. Wenn die Verbindung zu meinem Herzen gestört ist, weil ich nicht auf meine Gefühle achte, dann verursache ich Unheil, obwohl ich es eigentlich gut meine. Umgekehrt gilt: Pflege ich eine lebendige Beziehung zu meinem Herzen, so werden meinem Geist segensreiche Gedanken entströmen.

Um also Gutes zu denken, ist es notwendig, mich in Achtsamkeit zu üben. Vor allem muss ich lernen, in meinem Alltag tagaus, tagein auf meine Atmung zu achten. Indem ich bei allen Tätigkeiten willentlich atme, wird mir das ganze Leben zu einer nie endenden Meditation. Meine immer tiefere Ruhe schenkt mir Zufriedenheit und diese wiederum befreit mich von aller Hartherzigkeit. Mein Geist gebiert Gedanken voller Zuneigung.

Dementsprechend verändert sich mein Blick auf meine Mitmenschen, alle Lebewesen und die gesamte Natur. Statt mit raffgierigen, betrachte ich die Welt jetzt mit wohlwollenden Augen. Ich trachte nicht mehr danach, alles meinem eigensinnigen Willen zu unterwerfen. Ich höre auf, die Natur auszubeuten, um selbstsüchtige Träumereien zu verwirklichen. Vielmehr empfinde ich eine tiefe Verbundenheit mit allen Geschöpfen und der ganzen Erde. Ich bin ganz und gar erfüllt von der innigen Sehnsucht, mich mit allem und jedem zu versöhnen.

Dieser Wunsch nach Versöhnung beherrscht nun mein Denken. Weil ich selbst zufrieden bin, wünsche ich den Frieden, den ich in mir trage, auf die ganze Welt ausstrahlen zu lassen. Mitfühlend schaue ich mich in meiner Umwelt um. Ich blicke auf die Menschen, alle Lebewesen und die ganze Natur, um zu erkennen, an wem ich gütig handeln kann. Ich versuche herauszufinden, wo mein achtsames Tun von Nöten ist. Dieses bewusste Schauen ist wichtig. Nur wenn ich aufmerksam bin, wird mein Handeln heilsam sein.

Sollte ich es dagegen versäumen, sorgfältig umherzublicken, so werden meine Taten, aller guten Absichten zum Trotz, Unheil zeugen.

Auch muss ich genau hinhören, was mir mein Gegenüber sagen will. Oft scheitern Gespräche schlicht und einfach daran, dass die Gesprächspartner außer Stande sind, einander zuzuhören. Sie hören nicht zu, eben weil sie nicht schweigen können.

Es ist also äußerst wichtig, das Schweigen zu lernen. Einerseits muss ich äußerlich schweigen, indem ich im Alltag die Stille suche. So weit als möglich vermeide ich jeden Lärm. Ich lasse mich nicht nebenbei von Musik beschallen. Außerdem geht es darum, dass ich selbst ebenfalls keine störenden Geräusche verursache.

Andererseits ist es notwendig, dass ich mich darin übe, innerlich zu schweigen. Dies bedeutet, durch die Atmung mein Denken zu beruhigen und mich so von den ichbehafteten Gedanken zu befreien. Erst wenn diese keine Macht mehr über meinen Geist haben, bin ich nämlich in der Lage, anderen zuzuhören.

Dadurch dass ich auf meinen Atem achte, bin ich fähig, äußerlich und innerlich still zu werden. Ich überwinde das selbstbezogene Denken und kann bewusst hinschauen und achtsam zuhören. Ich werde offen für die Nöte und Sorgen meiner Nächsten sowie für das Leid der Lebewesen und der ganzen Natur. Diese Offenheit macht mich bereit dafür, versöhnlich zu sprechen und heilsam zu handeln.

2.2 Das versöhnliche Wort

Wir alle sehnen uns nach heilen Beziehungen. Oft aber sind diese gestört, weil uns die rechten Worte fehlen. Es fällt uns schwer, von ganzem Herzen liebevoll zueinander zu sprechen. Stattdessen ist unser Gerede unbedacht und lieblos. Wir verletzten einander durch eine unachtsame Wortwahl, in der sich unsere grenzenlose Ichsucht bahnbricht. Wir sind unfähig, versöhnlich zu sprechen, weil wir innerlich versteinert sind. Ja, häufig ist gerade der Umgang mit denjenigen, die uns nahestehen, von Sprachlosigkeit geprägt, die unüberwindlich scheint.

Für ein gutes Miteinander sind heile Beziehungen unerlässlich. Wie jedermann sehne ich mich danach, von meinen Nächsten angenommen und verstanden zu werden. Solange mich allerdings meine Ichbezogenheit lähmt, finde ich die richtigen Worte nicht. Meine Bindungen bleiben gestört. Was es braucht, ist eine versöhnliche Sprache.

Das, was ich sage, soll von Herzen kommen. Ich darf nicht einfach drauflossprechen. Es geht vielmehr darum, das Gesagte ernst zu nehmen. Es ist wichtig, dass ich hinter dem stehe, was ich sage und bereit bin, meinen Worten Taten folgen zu lassen.

Immer wieder enttäusche ich jemand, weil ich ein Versprechen abgebe, es dann aber versäume, dieses einzulösen. Hier steckt meist keine böse Absicht dahinter. Im Grunde meine ich es aufrichtig. Vielleicht jedoch fehlen mir sowohl die Zeit als auch die Möglichkeiten, meine Zusage umzusetzen. In dem Fall wäre es besser, nichts zu versprechen. Alles andere wäre unheilvoll. Ich würde Erwartungen wecken, die schließlich unerfüllt blieben. Ein derartiges Verhalten belastet meine Beziehungen auf unnötige Weise.

Um heilsam zu sprechen, ist es wichtig mich zunächst in achtsamem Schweigen zu üben. Ich muss lernen, meinen übermächtigen Rededrang zu bändigen. Dieser entspringt nie dem Herzen, sondern allein dem ichbehafteten Denken. Trotz aller guten Absichten gebiert mein Geist so nur Unheil. Statt zu versöhnen, verletzte ich meine Mitmenschen.

Indem ich auf meinen Atem achte, kann ich meinen Redefluss zähmen. Statt unvermittelt zu sprechen, zwinge ich mich zunächst mal bewusst zum Schweigen. Ich atme willentlich ein und aus. Beim Atmen kann ich meinen selbstbezogenen Drang zu reden körperlich spüren. In der Brust nehme ich einen unangenehmen Druck wahr, der mich dazu verleiten will, unüberlegt drauflos zu plappern. Nach einer gewissen Zeit, in der ich mechanisch ein- und ausatme, lässt dieser Druck nach. Meine Gelassenheit kehrt zu mir zurück. Ich halte eine beständige Verbindung zu meinem Herzen.

Mit dieser Ruhe kann ich mich nun von den sorgenvollen Nöten meiner Nächsten berühren lassen. Wie könnte mich jemandes Leid treffen, solange ich mit mir selbst mitleidlos bin? Wie sollte mein Mund Worte des Trostes kundtun, da ich doch keine Verbindung zu meiner Gefühls-welt habe? Nur wenn das, was andere Menschen tagtäglich plagt, auch mich in meinem Innersten bewegt, vermag mein Geist gütige Herzensworte hervorzubringen.

Dadurch dass ich also in Gesprächen stets auf meine Atmung achte, ruhe ich in meiner inneren Mitte. Ich nehme mir die Not meiner Mitmenschen zu Herzen. So gebiert mein Geist heilsame Gedanken, die meinem Mund als liebevolle Rede entströmen. Um Heilung zu bewirken, muss ich im Übrigen ohnehin nicht viel sagen. Es genügt, wenn ich ein paar wenige Worte spreche, die aufrichtig sind.

2.3 Die beherzte Tat

Ganz wesentlich für einen spirituellen Menschen ist das beherzte Tun. Wahre Spiritualität genügt sich nämlich nicht in guten Gedanken und versöhnlichen Worten. Den Gedanken und Worten müssen auch Taten folgen. Und damit diese eine heilsame Wirkkraft entfalten können, sollten sie von Herzen kommen. Es ist daher wichtig, bei all dem, was ich mache, mit meiner Gefühlswelt verbunden zu bleiben. Nur so ist mein Handeln aufrichtig und bewirkt Gutes.

Um mir die Verbindung zu meinem Herzen zu erhalten, ist es notwendig, fortwährend auf meinen Atem zu achten. Dieser verknüpft mein Handeln mit meinem Empfinden. Atme ich meditativ, so handle ich aus dem tiefen Gefühl innerer Freiheit und heiterer Gelassenheit. Wenn ich auf diese Weise in mir ruhe, dann erkenne ich, ob meine Taten richtig oder falsch sind. Ich erspüre, was ich tun oder besser lassen sollte. Mein Bauchgefühl bewahrt mich vor allen Irrungen und Wirrungen und führt mich auf richtige, weil wahrhaftige Wege.

Viele von uns bleiben bei allem Tun und Lassen im Eigensinn verhaftet. Das bedeutet keineswegs, dass wir böse wären. Jeden treibt die gute Absicht. Aber der gute Wille allein ist zu wenig. Unser Geist ist häufig verwirrt. Der Blick wird von starken ichbezogenen Gedanken getrübt. Ja, unsere Selbstsucht besteht oftmals gar nicht in bewusster Hartherzigkeit. Vielmehr zeigt sich diese darin, dass wir nur die eigene Sicht gelten lassen. Aufgrund des Starrsinns sehen wir alles verschwommen. So sind wir unfähig zu erkennen, wie unheilvoll und zerstörerisch unser engstirniges Handeln ist.

Wenn ich achtsam sein will, dann bemühe ich mich darum, den Geist durch meditatives Atmen von den eigensinnigen Gedanken zu reinigen. Ich bewahre in allen Lebenslagen innere Ruhe und einen klaren Blick, ganz egal wie sehr die Außenwelt auf mich einstürmt. Das ist wichtig, damit mein Leben gelingt. Denn nur wenn ich mich nicht aus der Ruhe bringen lasse, bleibt mein Geist frei von aller Engstirnigkeit und kann statt Unheil Liebe verbreiten.

Auch bewahrt mich das meditative Atmen vor unrechtem Tun. Sobald ich nicht gelassen bin, werde ich unachtsam. Ich mache Fehler, die ich nach späterer Einsicht beheben muss, was unnötig Kraft und Zeit kostet, die mir dann an anderer Stelle fehlen.

Sehr schlimm ist es, wenn ich jemand verletze oder Schäden verursache. Oft ist es dann nur noch schwer möglich, mein falsches Handeln im Nachhinein wieder gut zu machen. Durch das von mir begangene Unrecht empfinde ich zu allem anderen Übel auch noch Schuldgefühle, die meinen Geist zusätzlich belasten.

Grundsätzlich gilt, dass ich richtig handle, sobald mein Tun nicht nur mir allein dient. Dabei geht es keineswegs darum, eine Haltung einzunehmen, bei der ich mich selbst absichtlich klein mache oder mich gar verleugne. Vielmehr ist es wichtig und richtig, auf mich und meine Bedürfnisse zu achten, denn nur so kann ich mich weit öffnen. Wie könnte ich ein offenes Ohr für die Nächsten haben, solange ich unachtsam mit mir selbst bin?

Beherzt handeln bedeutet nämlich vor allem, mich von meinem Mitgefühl leiten zu lassen. Da ich mit mir selbst achtsam bin, schlägt in meiner Brust ein starkes Herz. Ja, ich möchte allen Menschen meine innere Wärme zuteilwerden lassen. Als Lohn dafür erfahre ich deren ehrliche Dankbarkeit. So wird meine Herzensgüte widergespiegelt, was mich froh und glücklich macht.

Dritter Abschnitt

DAS ZIEL

3.1 Der innere Friede

In unserer heillos zerstrittenen Welt sehnen wir uns so sehr nach Frieden. Und oft scheint es, als sei ein friedliches Miteinander nur ein Traum, der nie Wirklichkeit wird. Vor allem neigen wir gerne dazu, die Schuld an allem Leid und Elend bei unseren Mitmenschen zu suchen. In unserer ichbehafteten Verblendung unterteilen wir alle in Gute und Böse. Wir glauben, andere seien für den Unfrieden verantwortlich. Uns selbst hingegen nehmen wir davon in der Regel aus und rechnen uns zu den Guten.

Es ist das selbstbezogene Denken, das uns daran hindert, die Wahrheit zu erkennen. In der Tat gibt es weder gute noch böse Menschen. Vielmehr handelt jeder einzelne von uns mal mehr, mal weniger richtig oder falsch. Und sogar diejenigen unter uns, deren Taten so schlimm sind, dass wir sie verfolgen und aus unserer Gesellschaft ausschließen müssen, indem wir sie in Gefängnisse wegsperren, sind im Grunde ihres Herzens letzten Endes keineswegs schlechter als wir anderen.

Das Böse in der Welt hat seine Ursache nicht in äußeren Dingen. Vielmehr wurzelt es in jedem einzelnen von uns. Beständigen Frieden könnte es nur geben, wenn wir alle uns tagtäglich darin üben würden, in unseren Herzen Ruhe einkehren zu lassen. Weil es aber den meisten von uns an innerer Zufriedenheit mangelt, trägt nahezu jeder ein ganz klein wenig Unruhe in die Welt, deren Summe dann in Form von Wut, Hassrede, Ausbeutung, Drogensucht, Gewalt, Missbrauch, Verbrechen, Terrorismus und Krieg für alle offenbar wird.

Schuld an unserer Unzufriedenheit sind Verletzungen auf der Gefühlsebene, die wir im Lauf des Lebens erleiden. Niemand kommt habgierig und selbstsüchtig zur Welt. Allerdings werden wir als Heranwachsende immer wieder durch das falsche Verhalten unserer Mitmenschen verletzt. Statt jedoch diese schmerzenden Wunden auszuheilen, entwickeln wir schlechte Verhaltensweisen, wie alle möglichen Arten von Zwängen und Süchten, durch die wir unser Leid ausgleichen wollen.

Ja, sogar unsere Eltern tun uns mitunter weh. Sie können gar nicht anders, eben weil auch sie als Kinder von ihren Müttern und Vätern nicht immer richtig behandelt, sondern in ihrem Empfinden verletzt worden sind. So erfahren wir zu wenig Liebe, weshalb wir außer Stande sind, uns gegenseitig genügend Zuwendung zuteilwerden zu lassen.

Oder aber unsere Eltern lehren uns falsche Verhaltensweisen, mit verletzten Gefühlen umzugehen. Statt unseren Mitmenschen mitfühlend und gütig zu begegnen, wird uns beigebracht, unliebsame Regungen zu unterdrücken und die Zähne zusammenzubeißen, um selbstgesteckte Ziele zu erreichen. Statt alles vorbehaltlos anzuerkennen, verdrängen wir alles Unangenehme und haften Gelüsten gierig an. Dieses unheilvolle Verhalten gebiert dann die Ichsucht, die weitgehend unbewusst und ungewollt von der einen Generation auf die Nächste übertragen wird. In der christlichen Kirche wird dieser Vorgang als die Weitergabe der Ursünde bezeichnet, die von Adam und Eva verschuldet wurde.

Kaum jemand ist völlig frei von diesem inneren Zusammenhang. Weil wir verletzt werden, fügen wir – ob absichtlich oder unabsichtlich – auch anderen Menschen Schmerzen zu. Allein das Meditieren und die Praxis der Achtsamkeit bieten in gewissem Umfang einen gangbaren Ausweg aus diesem Teufelskreis.

Indem ich mich als Vater oder Mutter darum bemühe, den Weg der Wahrhaftigkeit zu gehen, kann ich mir und meinen Kindern ein starkes Gefühl der Zufriedenheit verschaffen. Ich überwinde meine Selbstbezogenheit ein Stück weit und stifte in meinem persönlichen Umfeld ein klein wenig Frieden, den ich dann an die nächste Generation weitergebe.

3.2 Die wahre Freiheit

Alle Menschen träumen von der Freiheit. Dabei stellen sich viele von uns unter diesem Begriff einen Zustand vor, bei dem wir tun und lassen können, wonach uns der Sinn steht. Dieser Gedanke einer unumschränkten Freiheit ist jedoch eine grundfalsche Vorstellung. Eine schrankenlose, eine entgrenzte Welt wäre ein Alptraum. Es gäbe nichts als Mord und Totschlag.

Aber sogar dann, wenn wir den Wunsch nach einer absoluten Freiheit für einen kurzen Augenblick als Gedankenspiel zuließen, müssten wir feststellen, dass diese uns nicht guttäte. Könnte ich einfach meinem Eigensinn frönen und tun und lassen, was ich will, wäre ich dennoch nie zufrieden. Vielmehr würde meine Unzufriedenheit gegen unendlich wachsen. Bekäme ich stets meinen Willen, könnte mich kein noch so ausgefallener Genuss mehr befriedigen.

Ich würde völlig der Gier meines ichbezogenen Denkens verfallen. Jegliche Selbstkontrolle würde mir entgleiten. Und tatsächlich sehen wir im Verhalten vieler superreicher Menschen, die sich allen irdischen Luxus leisten können, einen Hang zur Maßlosigkeit, die keine Grenzen kennt und mit einer gedankenlosen Rücksichtslosigkeit ausgelebt wird, die in unserer leidvollen Welt, in der so viele nicht einmal das tägliche Brot haben, zutiefst beschämend ist.

Freiheit braucht, so merkwürdig dies auf den ersten Blick scheinen mag, Schranken. Sie gibt es nämlich nur dort, wo durch äußere Grenzen ein Freiraum geschaffen wird, in dem ich mich unbeschwert fühlen kann.

Aus diesem Grund müssen Eltern ihren Kindern mittels klarer Regeln einen umschränkten Bereich schaffen, wo diese sich entfalten und ausprobieren können. Und was für die Heranwachsenden gilt, das trifft in gleichem Maße auf die Erwachsenen zu. Auch wenn ich für mich selbst verantwortlich bin, bedarf ich bestimmter Grenzen, um frei leben zu können.

Viele von uns denken, Kind sein bedeute, in meiner Freiheit eingeschränkt zu werden. Als Erwachsener dagegen könnte ich stets all meinen Launen nachgeben, solange ich mich dabei an

Gesetz und Ordnung halte. Wenn ich erst einmal volljährig bin, dann müsse ich mir von niemand mehr etwas sagen lassen.

Nun stimmt es zwar, dass ich als Erwachsener selbst für mich entscheiden darf. Aber das allein bedeutet noch lange nicht, frei zu sein. Auch liegt kein Heil darin, wenn ich danach strebe, meiner Gier nach Lust und Laune freien Lauf zu lassen. Mein Geist bliebe gefangen. Ich wäre der Sklave meiner eigensinnigen Vorstellungen.

Zwar muss ich mir als Volljähriger im persönlichen Bereich von niemandem Vorschriften machen lassen. Stattdessen sollte ich jedoch lernen, mich selbst zu beschränken. Frei ist nur, wer den Eigensinn zähmt, indem er sich Regeln unterwirft, durch die er seine Launen im Zaum hält. Dies aber haben viele in der Kindheit nie gelernt, weshalb es leider so wenig wirklich Erwachsene gibt.

Viele Volljährige sind, obwohl körperlich ausgewachsen, tatsächlich psychisch unreife Kinder, die im Alltag lediglich die Rolle von Erwachsenen spielen. Daher fühlen sich so manche Väter und Mütter mit ihrer Elternrolle überfordert. Bin ich nicht fähig, mich selbst zu beherrschen, so werde ich zwangsläufig darin versagen, meinem Kind Grenzen zu setzen. Ja, schlimmer noch: Mein Mangel an Eigenkontrolle führt mitunter gar zu Übergriffen. So sind die Gewalt in Familien oder der Missbrauch von Kindern letztlich nur äußere Zeichen für die spirituelle Hilflosigkeit der Erwachsenen.

Wahre Freiheit beginnt dort, wo ich anfange, meinen Eigensinn zu zähmen. Dadurch dass ich mir selbst klare Regeln auferlege und diese freiwillig einhalte, bemühe ich mich darum, alle unheilvollen Verhaltensweisen abzulegen. Mit der Zeit dringe ich zu meinem wahren Selbst vor. Ich bin nicht mehr Sklave meiner Gier, sondern werde zum Herrn meines achtsamen Tuns und Lassens. Ich fühle mich befreit. Und allein dieses Gefühl kann meine Sehnsucht nach Unabhängigkeit stillen. Ich überwinde mein ichbezogenes Streben und verschaffe mir die echte Freiheit des Herzens, die mich nunmehr beständig mit Glück erfüllt.

3.3 Die aufrichtige Versöhnung

Statt vom Gedanken der Versöhnung ist unsere Welt häufig leider von einer Geisteshaltung des Kampfes bestimmt: „Lass Dir nichts gefallen!" – „Fahr die Ellenbogen aus!" – „Setz Dich durch!" Statt Gott zu verehren, kennen wir nur einen Götzen: unser gieriges Ich. Die selbstsüchtigen Tagträume, denen wir uns leidenschaftlich hingeben, werden zum Gefängnis unseres Geistes. Unseren Nächsten aber werden sie zum Alptraum. Streit und Hass sind die Folge.

Wenn ich meine Kraft dafür einsetze, meine ichbezogenen Ziele zu verwirklichen, dann wird das zwischenmenschliche Miteinander zu einer andauernden Auseinandersetzung, die das glatte Gegenteil von Versöhnung ist. Kampf ist zerstörerisch. Er dient nur dem sinnlosen Versuch, die persönliche Gier zu befriedigen, die jedoch maß- und grenzenlos ist. So führt mein Eigensinn zur Entgrenzung.

Indem ich spirituell lebe, begrenze ich meine Ichsucht. Durch Meditation und die Praxis von Achtsamkeit gelange ich zu innerer Freiheit, die

nicht zerstörerisch ist. So vermag ich vorbehaltlos auf andere zuzugehen. Ich habe mein wahres
Selbst gefunden, weshalb ich mich öffnen und
verletzlich zeigen kann. Die Fassade, hinter der
ich mich bislang ängstlich verkrampft versteckt
gehalten hatte, benötige ich nicht länger.

Sobald mich erst einmal Zufriedenheit erfüllt,
wird in mir der natürliche Wunsch entstehen,
dem Kampf abzuschwören und mich mit meiner
Umwelt zu versöhnen. Ich sehne mich danach,
meine Beziehungen zu heilen. Diese Heilung
wiederum muss stets bei mir selbst beginnen.
Wenn ich verletzt worden bin, dann belastet das
gefühlte Leid zunächst mein Denken. Ich bin
nicht fähig, dem anderen zu verzeihen. Indem
ich jedoch die leidbehafteten Gefühle meditiere,
kann ich meinen Geist befreien und meine Hand
zur ehrlichen Versöhnung ausstrecken. Keineswegs muss ich befürchten, dass meine Offenheit
von meinem Gegenüber ausgenutzt wird. Der
andere hat nämlich nur so lange Macht über
mich, wie ich mich von dem erlittenen Unrecht
bestimmen lasse.

Auch wenn ich im umgekehrten Fall selbst derjenige bin, der jemand anderen verletzt hat, und ich also schuldig an einem Menschen geworden bin, ist es zunächst wichtig, in mich zu gehen und die Schuldgefühle zu meditieren. Ich kann achtsam atmen und dabei in die unangenehmen körperlichen Regungen hineinspüren, die mit dem schlechten Gewissen einhergehen. Nach einer Weile des meditativen Atmens löst sich die innere Anspannung. Erst danach kann ich denjenigen, welchen ich verletzt habe, ehrlich darum bitten, mir zu verzeihen.

Die Meditation meiner Schuld ist vor allem dann wichtig, wenn eine Versöhnung mit meinem Gläubiger nicht möglich ist, entweder weil dieser unfähig ist, mir zu verzeihen oder weil er schon verstorben ist.

Grundsätzlich ist es für mich immer heilsam, erlittenes Unrecht oder belastende Schuldgefühle zu meditieren, da mich dies verwandelt. Ich befreie mich von allen zwischenmenschlichen Fesseln. Gleichzeitig werde ich zunehmend achtsamer im Umgang mit meinen Nächsten. Zudem wird mein gutes Beispiel den einen oder anderen dazu bringen, auch für sich den Weg der Wahrhaftigkeit zu entdecken. So trage ich auf praktische Art und Weise Frieden und Versöhnung in die Welt.

SCHLUSSGEDANKEN

Der spirituelle Weg der Wahrhaftigkeit muss im Alltag praktisch beschritten, ja gelebt werden. Nur indem ich anfange, ihn tagtäglich zu gehen, wird er mir und meinen Nächsten zum Heil. Ich sollte dabei Geduld haben und mit mir gnädig sein. Mein Leben kann sich auf diesem Pfad von Grund auf wandeln. Dies gelingt mir allerdings nicht von heute auf morgen. Achtsamkeit benötigt Zeit. Auch nimmt dieser heilsame Lebensweg kein Ende. Egal, wie sehr ich mich spirituell weiterentwickle, aus mir wird niemals ein durch und durch guter Mensch. Natürlich darf ich nach persönlicher Vervollkommnung streben. Dabei muss ich aber stets bescheiden meine irdische Begrenztheit anerkennen. Nie sollte ich mir vorgaukeln, ich könne schon hier auf Erden Erlösung finden. Aber weil ich gläubig bin, darf ich darauf hoffen, dass Gott bei meinem Tod alles vollendet, was zu meinen Lebzeiten bruchstückhaft geblieben ist. Er wird meinen Geist schließlich bei sich aufnehmen und mir endgültig den echten Frieden schenken, den mir die Welt nicht geben kann.

GEORG BAUER

Der Name Georg Bauer ist mein Pseudonym als Autor. Dennoch möchte ich Dich, liebe Leserin, lieber Leser, nicht gänzlich im Unklaren über meine Person lassen.

Geboren wurde ich 1973 in Regensburg. Aufgewachsen bin ich in der südlichen Oberpfalz. Nach meinem Studium an der Universität Regensburg arbeite ich heute als Lehrer in Mittelfranken.

In meinen Büchern schreibe ich teilweise sehr persönlich über meine Erfahrungen. Dabei ist es mir wichtig, ganz bewusst auch tiefe Einblicke in meine Gedankenwelt zu gewähren. Diese große Nähe verträgt sich jedoch schlecht mit meiner Stellung als Lehrer. Aus diesem Grund möchte ich als Autor bis auf Weiteres erst einmal anonym bleiben.

Wenn Du mehr über mich, mein Denken und weitere geplante Veröffentlichungen erfahren möchtest, empfehle ich Dir, meine Informationsseite im Internet zu besuchen.

www.georgbauer.info

Georg Bauer

ATME & VERÄNDERE DIE WELT

Von der Überwindung der spirituellen Krise

Alle Spiritualität beginnt mit dem achtsamen Atmen. Leider jedoch achten viele Menschen nicht auf ihre Atmung. Wenn ich nicht gelernt habe, achtsam zu atmen, dann verfüge ich unter Umständen nicht über innere Ruhe. Ohne innere Ruhe aber werde ich leicht zum Spielball meiner Gefühle. Es ist mir unmöglich, meinen Geist von meinem emotionalen Empfinden zu trennen. Nicht der Geist bestimmt mein Verhalten. Vielmehr werde ich von meinen Gefühlen beherrscht. Meine innere Unruhe kann ich nicht auflösen. Sie wirkt unkontrolliert auf mein Denken, Reden und Tun.

Fehlt es meinem Geist an Gelassenheit, so fühle ich mich getrieben. Entsprechend ruhelos verhalte ich mich. Meine innere Anspannung äußert sich als Umtriebigkeit. Infolgedessen überträgt sich meine Unrast auf meine Mitmenschen. Ich versetze auch diese in Unruhe. Ich trage meine Ruhelosigkeit in die Welt. Wie das ewige Wogen der Wellen die Meere bewegt, so wird die ganze Menschheit von ihrer inneren Unruhe in Bewegung gehalten.

Durch mein achtsames Atmen kann ich einen wertvollen persönlichen Beitrag dazu leisten, zumindest einen kleinen Teil dieser schier unerschöpflichen Unrast aufzulösen. Würden wir alle lernen, achtsam zu atmen, dann könnte sich die aufgewühlte Rastlosigkeit der Menschheit legen. Die Welt wäre nach einiger Zeit ein friedlicher Ort!

Zeitfracht Medien GmbH
Ferdinand-Jühlke-Straße 7
99095 Erfurt, Deutschland
produktsicherheit@kolibri360.de